Hersteller / Manufacturer (GPSR)
Storylution GmbH, Biberstraße 5, 1010 Vienna, Austria
E-Mail: story.one@story.one

Friedeborg Seitz

Hier gehe ich, ich kann nicht anders-Erfahrungen auf dem Lutherweg 1521

story.one – Life is a story

story.one

1st edition 2024
© Friedeborg Seitz

Production, design and conception:
story.one publishing - www.story.one
A brand of Storylution GmbH

Font set from Minion Pro, Lato and Merriweather.

© Cover photo: Photo by Stephanie Klepacki on Unsplash

© Photos: Privat Friedeborg Seitz

Text: Friedeborg Seitz Lektorat: Micah Jordan

ISBN: 978-3-7108-3289-5

für Bernd und Anita

Danke an Martin Luther, den Urheber dieses Weges, dessen Wegführung seiner Reise von Eisenach bis Worms und die Flucht zurück zur Wartburg entspricht.

Danke an den kleinen Maddin, der mich mit Ruhe und Geduld frohgemut durch alle Wetterlagen begleitet hat und stets in guter Stimmung war.

Danke auch an Bernd und Anita, die sich so sehr mit Herz und Verstand eingesetzt haben, damit den Lutherweg 1521 in seiner jetzigen Form zur entstehen konnte.

Danke an die vielen Wegpaten und den Verein Lutherweg in Hessen e.V. für ihre konstante und liebevolle Pflege der Wegmarkierungen bis hin zu größeren Reparaturen an den Rastplätzen.

INHALT

In den Dingen liegt Klarheit.
Wenn ich einen Moment
innehalte und abwarte,
sinken die Schwebestoffe des
Alltags auf den Grund.
In klaren Gewässern ist die Sicht
weit,
in klaren Gedanken ebenso!

(1) Auf Luthers Spuren wandeln

Der Lutherweg, die Route, die Martin Luther 500 Jahre zuvor von *Eisenach* bis *Worms* und zurück im Jahre 1521 bereiste, ist eine Strecke, die mit meiner Konfession zu tun hat. Aufgewachsen bin ich in einem evangelisch-lutherisch geprägten Haushalt als Tochter eines Pfarrers. Martin Luther muss in meinen Augen eine coole Socke gewesen sein, auch wenn er ein unbequemer Zeitgenosse sein konnte. Wer sich mit Martin Luther schon mal ein wenig beschäftigt hat, ahnt vermutlich, dass er sich möglicherweise im Grabe umdrehen würde, wenn er erführe, dass seine Reisewege 500 Jahre später offiziell zu Pilgerwegen „umfunktioniert" wurden. Wozu sollen Menschen, die vielleicht wenig mit der Bibel und seinen Schriften anfangen können, ausgerechnet auf seinem Reiseweg pilgern? Noch dazu der Weg, der für ihn selbst ein schweres Los mit sich brachte und auf dem Rückweg vom *Wormser Reichstag* (bzw. dem Bischofshof) nach *Eisenach* sogar zu einem gefahrvollen Fluchtweg wurde? Den historischen

Quellen nach hatte der Kirchenkritiker für *Pilgerreisen* wenig übrig. Ich glaube, wenn man Martin Luther zu einem Besuch in unsere Zeit holen könnte und über Sinn und Zweck des Pilgerns auf dem Lutherweg 1521 informieren würde, wäre er der Sache vielleicht sogar zugetan. Spätestens wenn er bei einer Tasse Kaffee in *Romrod* bei den netten Organisatoren des Lutherweg-Vereins sitzen würde, wäre das Eis schnell gebrochen, dessen bin ich mir sicher. Einen 400 km langen Weg zu erlaufen und sich an Informationstafeln an einigen Etappen mit dem Thema „Luther und die Reformation" zu beschäftigen, macht Luthers Reise nach *Worms* und zurück für jedermann begehbar – lehrreiche Erfahrungen und unvergessliche Erlebnisse inklusive.

Ich finde es gut, dass es diesen protestantischen Pilgerweg gibt, wenn man den Lutherweg so bezeichnen darf. Einen ökumenischen Weg gibt es auch schon: die „Via Regia". Der Lutherweg teilt sich manchen Streckenabschnitt mit alten Pilger- und Handelswegen und führt an zahlreichen Kirchen und Gedenkstätten vorbei, die man besuchen kann. Was die (Pilger-)Infrastruktur betrifft, ist der Verein, der diesen Weg ins Leben gerufen hat, stetig dabei sie immer weiter auszubauen.

Wer wissen möchte, was für Abenteuer eine fröhliche Pilgerin mit ihrem roten Rucksack und ihrem Maskottchen, einer kleinen Playmobil-Figur von Martin Luther, genannt "Maddin" von ihrer Reise von *Eisenach* bis *Worms* erlebt haben, ist herzlich eingeladen mich lesend auf dieser Reise zu begleiten. Dieses Buchformat hat nur Platz für 17 kurze Kapitel. Da passt natürlich nicht die ganze Geschichte meiner Reise mit Maddin hinein. So hoffe ich, dass ich Euch dennoch im Geiste mit nehmen kann, und Ihr dadurch vielleicht Anregung genug bekommt, selbst einmal auf dem Lutherweg 1521 zu laufen.

In diesem Büchlein endet die Reise bei Kapitel 17 am höchsten Punkt des Lutherweg 1521, auf dem Herzberg. Wenn es eine Fortsetzung gibt, heißt es dann vielleicht nicht nur für mich alleine:

Hier gehe ich, ich kann nicht anders!

(2) Eisenach ahoi, es geht los!

Ich habe alles für meine Pilgerreise eingepackt und stelle „Maddin" auf den Tisch. Er schaut mir zu, wie ich noch die Wasserflaschen auffülle und meinen Reiseproviant in dem roten Rucksack verstaue. Maddin ist übrigens eine kleine Playmobil-Figur. 2017 gab es diese Figuren, als Sonderedition zu kaufen, zum 500 Jahre Jubiläum der Reformation.1517 hatte Martin Luther seine 95 Thesen veröffentlicht und damit den Funken gelegt, der später das Feuer der Reformation entfacht hat. Maddin ist der freundliche Mini-Avatar dieser historischen Person. Einer, den man bequem mit sich herumtragen kann. Einer, der immer gut gelaunt ist und sich perfekt als Pilger-Bruder eignet, weil er sich niemals unterwegs beschwert! Und genau deswegen kommt er mit auf diese Reise, genauso wie im Oktober 2017, als ich von *Worms* aus losgezogen war, quasi von meiner Haustüre aus. Der Zug fährt 5 Minuten von meiner Haustür entfernt direkt nach *Worms* – innerhalb einer knappen Stunde ist die Stadt erreichbar. Jetzt allerdings werde ich ein wenig länger unterwegs sein, um zum Startpunkt des Lutherwegs zu gelangen. Ich starte diesmal von *Eisenach* aus. Ein kleines Heft habe ich mir noch extra gekauft – mein Reisetagebuch. Es hat kaum Gewicht und doch genügend Seiten für meine Notizen. Das Heft ist exakt so groß wie der Pilgerausweis und passt in die gleiche Hülle. Beides findet Platz ganz oben in einem Rucksack-Fach, das genau für diesen Zweck gemacht scheint.

Nun wird es Zeit, mich von meinem Schatz zu verabschieden, der mit mir schaut, dass ich auch alles am Start habe, was ich unterwegs benötige. Winkend steht er in der Tür, als ich mich mit Maddin in Richtung Bahnhof aufmache. Die Reise beginnt für mich bereits im Zug, wo die Vorfreude auf das Loslaufen spürbar ansteigt. Das ist immer wieder ein herrlich befreiendes Gefühl! „Maddin, wir werden heute auf den Spuren Deines 'Alter Ego' wandeln!", versichere ich ihm gut gelaunt. Wir erreichen um 10:00 Uhr *Eisenach*, den Startpunkt des Lutherweges. Wo es jetzt langgehen wird, habe ich noch vom Hinweg 2017 in Erinnerung, als ich hier nach einer 17-tägigen Wanderung mit Maddin pünktlich zur Reformationsfeier zu Fuß ankam. Damals war *Eisenach* das Ziel meiner Wanderung auf dem Lutherweg, den ich in

Worms begonnen habe. In *Eisenach* scheint heute sogar die Sonne zur Begrüßung. Ich steuere auf das imposante Stadttor zu. Natürlich geht es erst am *Lutherdenkmal* vorbei, das ich als meine Startlinie fotografiere. Der Lutherweg führt durch die Altstadt zum *Lutherhaus*, wo ich mir den ersten Pilgerstempel hole. Dieser trägt als Symbol schlichtweg eine Bibel und den Schriftzug „Lutherhaus Eisenach". Dieser Stempel bringt die Tatsachen – ganz lutherisch-nüchtern – auf den Punkt: Hier werden einige frühe Drucke der Lutherbibel mit verschiedenen Illustrationen ausgestellt. Die Dame, die mir den Stempel ins Pilgerbüchlein gedrückt hat, fragt mich, ob ich noch die Ausstellung besuchen möchte, doch ich habe sie 2017 bereits in Ruhe anschauen können.

(3) Wart' Burg! ich komme rauf!

Mein nächstes Ziel führt mich hoch hinauf: die Wartburg. Genau hier möchte ich meine Pilgerwanderung antreten. Auf meine Frage an Passanten, seit wann hier eigentlich so ein tolles Wetter herrscht, bekomme ich zur Antwort, dass es bis gestern noch nass und regnerisch war. Wie war das noch mit *den reisenden Engeln* und so? Vertrauensvoll lächele ich in mich hinein. Fröhlich marschiere ich nun mit der Sonne im Rücken – und Maddin in der Hosentasche – den Berg hinauf. Dieser erste Anstieg kommt mir wie ein Befreiungsschlag vor: Um mich herum duftet es nach Erde, blüht es bunt am Wegesrand und das Springkraut reift im feuchten Habitat eines saftigen Waldes am Hang. Wenn man die reifen Schoten des Springkrautes berührt, springen sie auf und schleudern ihren Inhalt wie Schrapnellen weit in die Gegend. Mit jeder Schote, die ich im Spaß platzen lasse, schleudere ich den Stress der letzten Arbeitswoche von mir. Währenddessen springt auch in mir etwas auf: neue Energie. Obschon der steile

Anstieg mühsam ist, empfinde ich an der frischen Luft und in der Sonne helle Freude. Bald schon erblicke ich die Wartburg durch das Grün der Baumwipfel. Für Lutherweg-Pilger und Tages-Wanderer gibt es einen Pfad, der mit allerlei Infotafeln über Martin Luther und über die Wartburg reich bestückt ist. Diesen Pfad bin ich 2017 entlang bergab gegangen. Heute wähle ich einen schattigen Seitenweg, um ein wenig einsamer zu laufen und mich auf meine Reise einzustimmen zu können. Auf der Wartburg herrscht ein reger Betrieb. Nachdem die Corona-Lockerungen viele Menschen wieder zu den touristischen Attraktionen führen, haben sich bereits zu dieser Tageszeit viele Besucher auf der Burg eingefunden. Für mich ist es aktuell noch nicht zu voll. Im Gegenteil, die Fröhlichkeit der Besucher lädt mich ein, auf der Burg auch eine erste Pause einzulegen. Ich hole Maddin hervor und mache von ihm ein paar Bilder mit der Burg im Hintergrund, die ersten „Luther-Selfies". Kinder bleiben stehen und beobachteten die Szenerie fasziniert. Im Museumsshop gibt es etliche solcher kleinen Luther-Figuren und andere Devotionalien des Bibelübersetzers zu erwerben. Ich laufe mit meinem genauestens rationierten Gepäck eigentlich keine Gefahr, mich hier mit Schnickschnack einzudecken. Doch ein Lesezeichen mit Folien-Lupe für mein Pilgertagebuch (ein ultraleichtes Souvenir, was wirklich nicht ins Gewicht fällt) und noch ein kleiner Wartburg-Pin wandern in meinen Rucksack. Natürlich verlasse ich diesen geschichtsträchtigen Ort nicht, ohne mir einen Stempel zu holen. Dieser ist hier sehr klein und bildet den Umriss der Wartburg ab, schlicht und einfach. Er sieht so aus, wie wenn man von Weitem auf die Wartburg schaut. Apropos *weit schauen*. Hier steht ein Turm, den ich noch hinaufsteige, wo sich bei diesem Sonnenwetter ein herrlicher Blick über den thüringischen Wald darbietet. Auf dem Weg von der Burg nach unten geht es durch moosige Felsenwege entlang kühler schattiger Hänge. Ab und zu komme ich an lichten sonnigen Stellen vorbei, an denen der eine oder andere „Wartburg-blick" das Herz erfreuen kann.

(4) Die wilde Sau am Rennsteig

Im Thüringer Wald sich ein gut ausgebautes Wander-Wegenetz, was an den zahlreichen Wegweisern zu erkennen ist. Verlaufen muss sich in dieser Region des Thüringer Waldes niemand mehr. Ich eröffne meine „Schnitzeljagd" nach dem Lutherweg-Zeichen und biege in einen schmalen Seitenpfad ab. Schon beginnen sich meine Gedanken zu lösen und ich fühle mich gesegnet. Kaum zu glauben, dass ich am Vortag noch zur gleichen Zeit im Büro saß. Umso befreiender fühlt es sich an, 24 Stunden später mitten im Thüringer Wald zu wandern – mit fast 300 km Luftlinie Sicherheitsabstand von meinem Arbeitsplatz entfernt. Dass dieser Lutherweg 1521 für das „Fußvolk" deutlich länger ist, liegt daran, dass er nicht geradewegs nach Worms führt, sondern sich lustig durch die Landschaft schlängelt. Auch Luther stieß zu seiner Zeit immer wieder auf natürliche Hindernisse, wie Felsen, Sümpfe und Gewässer. Da konnte man nicht querfeldein mit der Kutsche durchfahren. Auf meinem einsamen Pfad komme ich augenblicklich in Pilgerstimmung. Vogelgesang mischt sich mit dem Rascheln des Windes im Blattwerk knorriger Eichen. Ab und zu huscht eine Eidechse über den Weg und das Zirpen der Grillen inmitten von Felsen und Gras vermittelt mir einen Eindruck mediterraner Landschaft, mitten in Deutschland. Nachdem die Erde in den letzten Tagen einiges an Feuchtigkeit angenommen hatte, beginnen durch die wärmenden Sonnenstrahlen Blüten, Kräuter und das Harz der Bäume herrlich zu duften. Da entdecke ich einen kleinen blaugrünen Stein mitten auf dem Weg und nehme ihn auf. Dieser ist perfekt, um ihn einzustecken. Seit meiner ersten Pilgerreise habe ich ein bestimmtes Ritual eingeführt: Der erste Stein am Weg, der aufgelesen wird, wandert ein Stück mit und wird an einem geeigneten Ort abgelegt, um mit ihm auch seelischen Ballast abzulegen, der sich angehäuft hat. Mit einem symbolischen *Stein der Last* wird die innere Bürde greifbar und man kann sie betrachten, bis man sich von ihr verabschieden will. Schon der Gedanke, dass ich meine Last dem Stein übertrage, bewirkt, dass ich mich leichter fühle. Ich habe den Eindruck, dass meine Füße mich heute noch eine Weile tragen können. Erst ein Jahr zuvor bin ich hier an dieser Stelle entlanggelaufen, als ich auf dem *ökumenischen Pilgerweg* unterwegs gewesen war. Denn hier verlaufen der Lutherweg und der ökumenische Pilgerweg ein gutes Stück gemeinsam. Meine erste Barfuß-Pause mit Maddin halte ich unweit der „Wilden Sau" ab und verzehre dort meine Mittagsration. Die „Wilde Sau" ist ein behauenes Steinkreuz, das schon einige hundert Jahre dort steht. Es soll im Geburtsjahr Martin Luthers dort aufgestellt worden sein und bildet eine Szenerie ab, wo ein Mann auf einem Schwein sitzt, während ein anderer das Tier mit einem Speer angreift, aber offenbar den Mann auf dem Schwein trifft. In meinen Augen stellt das eine mehr als stümperhafte Jagd-Szene dar. Maddin ist ganz meiner Meinung. Am Ende der Pause telefoniere ich, um meine Unterkunft vorzubestellen. Ich habe Glück und kann meine Unterkunft reservieren, bevor ich die Schuhe wieder anziehe und weiter marschiere. Hier oben sind auch der ein oder andere Rucksack-Wanderer oder auch Pilger unterwegs und laufen an mir grüßend vorbei.

(5) Auf dem Rennsteig Kilometer zählen

Bald wechsele ich auf den Rennsteig, um über den *Hütschhof* nach *Oberellen* zu gelangen. Der *Hütschhof* diente bisweilen als Pilgerherberge. Inzwischen scheint das nicht mehr der Fall zu sein, zumindest erkenne ich kein Herbergszeichen am Tor. Dafür gibt es in *Oberellen* eine Unterkunft, die auch vom hier verlaufenden Jakobsweg sowie dem ökumenischen Pilgerweg bekannt ist. Im ganzen Ort *Oberellen* findet man Pilgerzeichen. Einen Stempel bekomme ich hier momentan dennoch nicht, weil samstagnachmittags die Dorfkirche geschlossen ist. Im Jahr zuvor hatte ich in diesem Ort auf dem ökumenischen Pilgerweg den Weg nach links zur Herberge genommen. An der Kreuzung überlege ich kurz, ob ich nochmals diese Herberge aufsuche. Weil ich mir jedoch im „Gasthof zur Post" in *Berka* bereits telefonisch mein Zimmer reserviert habe und ich in der Stimmung bin, noch ein kleines Stück weiter zu laufen, marschiere ich geradeaus auf dem gut beschilderten Lutherweg weiter. Bald stelle ich

fest, dass sich entweder die Autoren des Pilger-
führers um einige Kilometer verrechnet haben
müssen oder mir meine Wander-App einen ab-
weichenden Wegverlauf gezeigt hat. Fragend
schaue ich Maddin an. Er tippt auf die abwei-
chende Wander-App und empfiehlt mir, an
einer Schutzhütte an einem Feldweg eine weite-
re kleine Barfuß-Pause einzulegen, was ich dan-
kend annehme. Der schlaue Rucksack-Pilger
hat immer eine wasserdichte Sitzunterlage
dabei. Es befinden sich auf den Holzbänken in
den Ritzen noch nasse Stellen vom Regenwetter
der letzten Tage. Diese Unterlage beschert mir
einen warmen und trockenen Allerwertesten,
während ich in der Abendsonne entspannt be-
obachten kann, wie Ameisen und kleine Wild-
bienen die Furchen im Gehölz als Tank- und
Badestelle nutzen. Jedoch wundere ich mich,
was das zuletzt für ein Regenguss gewesen sein
muss, dass es sogar *in* der Schutzhütte noch
jetzt feucht ist. Mein Blick in die Weite zeigt an,
dass sich Wolken bilden, die einen der prognos-
tizierten Regengüsse ankündigen. Also streife
ich mir die Socken über, steige in meine Schuhe
und wandere weiter. Mit dem Stand der Sonne
sinkt auch der Wasserspiegel in meinen Wasserflaschen. Erleichterung breitet sich in mir aus,
als ich nach 29,9 km auf meinem „Tacho" das

Tagesziel *Berka/Werra* durch das Untertor im Norden der Altstadt erreiche. Im Gegenlicht der Abendsonne zeichnet sich das Stadttor malerisch vor den Wolken ab, als ich es durchschreite. Dieser Ort gehört noch zum *Wartburgkreis* und befindet sich im äußersten Westen Thüringens direkt an der Landesgrenze zu Hessen. Will heißen, heute schlafe ich noch in Thüringen. Auf dem Weg zum „Gasthof zur Post" steht die evangelische *Stadtkirche* mit dem eckigen Turm. Diese alte Wehrkirche muss man gesehen haben. Das hatte wohl auch Martin Luther schon, denn auch er kam bei seiner Reise durch diesen Ort und nächtigte ebenfalls hier. Die Befestigungen an der Kirche, wie sie einst zum Schutze und Zuflucht der Bevölkerung gedacht waren, wurden allerdings im 19. Jahrhundert abgetragen. Nur der burgartige Turm lässt noch erahnen, welchen Zweck diese Kirche – außer als Gotteshaus zu dienen – sonst noch erfüllen konnte.

(6) Berka mit historischen Stätten

Links entdecke ich den Gasthof, der neben dem Eingang einen Stempelkasten für den motivierten Lutherweg-Pilger an die Wand montiert bekommen hat. Das Motiv, welches ich mir in den Pilgerpass drücke, zeigt nicht die Kirche, sondern das ehemalige Gasthaus „Der alte Stern", ein altes Fachwerkhaus, in dem einst Luther sein Haupt gebettet hatte. Das Haus gibt es noch immer und dient nun als Museum. Mich treibt der Hunger in den Gasthof, dessen Toreinfahrt weit genug ist, dass Pferdekutschen direkt in den geräumigen Innenhof einfahren könnten. Napoleon Bonaparte soll hier einst zu Gast gewesen sein. Damals hieß der Gasthof noch „Zum schwarzen Adler". Da hier längst keine schwarzen Adler mehr fliegen und die Zeiten sich wie die Besitzer des Hofes ändern, ist es nun eben der „Gasthof zur Post", wo ich sehr freundlich empfangen werde. Was das körperliche Wohl angeht, zieht es Maddin und mich nach einer belebenden Dusche direkt in den Innenhof zum Biergarten. Der Platz ist gut gefüllt und es sitzen einige Familien an den Tischen. Mir fällt auf, dass die Leute hier entspannt und zufrieden wirken. Das bin auch ich, als ich mit heißen Füßen und kühlem Bier vor einem großen Salatteller mit warmen Lachs-Streifen sitze. Maddin wird vor mir auf den Tisch abgestellt und ich bin froh, dass die Sonnenschirme an den Tischen weit genug reichen, um uns Gäste vor den abendlichen Landregen, der nun einsetzt, zu schützen. Maddin und ich lauschen noch eine Weile selbstvergessen in den Abend: Der Regen prasselt auf den Stoff des Sonnenschirmes und die Schwalben jagen im Tiefflug Insekten nach. Hier im riesigen Innenhof erkenne ich, wie dieser Gasthof zu seinem Namen kommen konnte. Da früher die Post mit Pferdestärken unterwegs war, brauchte man Gelegenheiten, wo man ausgeruhte Pferde bei seiner Durchreise bekam und die Postkutschen sicher abstellen konnte. Alte Wagenräder entlang der Terrasse erinnern an diese Zeiten. Während mein Tisch abgeräumt wird, zücke ich mein Tagebuch und verschriftliche den ersten Tag meiner Pilgerreise. Die Losung des Tages zitiert einen Vers aus dem Psalm der Lutherbibel 106:

„Danket dem Herrn, denn er ist freundlich und seine Güte währet ewiglich."

Heute ist mir diese Losung „Programm": Ich bin am frühen Morgen frohen Mutes in meiner Heimatstadt aufgebrochen und der Himmel über mir zeigte sein freundliches Gesicht als ich in *Eisenach* mit meiner Pilgerreise startete. Dass ich nun hier satt und trocken sitzen kann, erfüllt mich in der Tat mit Dankbarkeit. Dankbar bin ich nicht nur dem lieben Gott für den schönen Tag, sondern auch meinen Füßen, die mich heute weit vorangebracht haben. Nachdem ich meinem Schatz zu Hause mitgeteilt habe, dass ich eine gute Bleibe gefunden habe, verschwindet Maddin wieder in meiner Tasche und ich begebe mich zufrieden zu meinem Nachtlager. Der Blick auf meine mobile Wetterkarte kündigt für morgen eine 80-prozentige Regenwahrscheinlichkeit an. Aber ob es morgen wirklich regnen wird, werde ich schon noch früh genug erfahren. Jetzt kann ich trocken und warm einschlafen.

(7) Der Monte Kali ruft!

In der Nacht ist der Himmel aufgeklart. Mit einem Blick aus dem Fenster sehe ich die noch feuchte Straße und den blass-blauen Morgenhimmel. Das Frühstück nehme ich allein im Frühstücksraum ein und bereite mir beim Klang leiser Radiomusik im Hintergrund das Vesper-Paket für den Mittag vor. Die Wettervorhersage im Radio kündigt Dauerregen an. Aktuell scheint die Morgensonne noch durch die heranrückenden Wolken. Ein Apfel und ein Ei kommen mit in den Rucksack, meine frisch aufgefüllten Wasserflaschen in die Seitentaschen und Maddin in die Hosentasche. Es geht los. Auf dem Höhenweg hinter *Berka* verschwindet die Sonne und es baut sich eine dunkle Wolkenfront auf. Dadurch erscheinen Wiesen und Felder in einem herrlichen Kontrast zum Himmel. Ich mache Fotos von leuchtenden Kornblumen in den Feldern vor dem dunklen Himmel. Links von mir erblicke ich bereits den *Seulingswald* und den „Monte Kali", ein riesiger Berg, der eigentlich eine beständig wachsende Abraumhalde eines Kalibergwerks ist. Inzwischen zieht diese Halde Touristen und Wanderer an. Der Höhenweg führt mich hinunter in den Ort *Dippach*. Hier laufe ich hinunter ins *Werra-Tal*. Bunte Blumenwiesen begleiten meinen Weg. Ich entdecke eine Stelle wieder, wo der Lutherweg an einem schmalen Steg über einen kleinen Kanal führt und weiter als schmaler Trampelpfad verläuft. Solche kleinen versteckten Abwege liebe ich und kenne sie auch von anderen Pilgerwegen. Dieser Trampelpfad führt direkt an der *Werra* entlang. Maddin möchte gerne am Ufer Pause machen. Am Fluss finde ich einen annehmbaren Platz für eine kleine Snack-Pause, als es etwas zu tröpfeln beginnt. Unter einer Weide mit einer Sitzbank ist es trocken genug, um zu pausieren. Bald hört das Tröpfeln auf und ich marschiere weiter. Nach nur wenigen Kilometern erreiche ich *Dankmarshausen*. Im Ort entdecke ich eine geöffnete Kirche. Da will ich hineinschauen, bevor ich mich in den *Seulingswald* begebe. Weil es draußen nun doch ziemlich frisch ist, erscheint es mir in der Kirche angenehm warm. Einen Stempel finde ich hier zwar nicht, dafür aber ein kleines Faltblatt mit einem Reisesegen für Pilger sowie ein Gästebuch. Den Reisesegen stecke ich mir ein, hinterlasse einen kleinen Obolus im Opferstock und schreibe ins Gästebuch. Dort finde ich einen Eintrag von zwei Pilgern, die drei Tage vor mir hier gewesen sind. Sie schreiben, dass sie sich freuen in der trockenen Kirche verweilen zu können, nachdem sie drei Tage quasi im Dauerregen gewandert waren. Mir wird wieder bewusst, was ich für ein großes Glück habe, im Sonnenschein aufbrechen zu dürfen und auch heute unter den 20 % regenfreien Wolken wandern kann. Hinter dem Ort geht es noch ein Stückchen an der Werra an einer Wiese entlang, als ich eine schwarze Königskerze erblicke. Sie ist eine meiner „Camino-Blumen", die ich das erste Mal in freier Wildbahn in Portugal entdeckt habe. Das war am Fluss *Rio Minho* auf dem Pilgerweg von *Lissabon* nach *Fatima*. Der Blütenstand ist gelb, doch jede Blüte hat in der Mitte dunkelviolette Blütenstängel wo die Pollen-Stempel dran sitzen. Jetzt bekomme ich Gänsehaut. Das fotografiere ich, um diesen bezaubernden Moment festzuhalten. Mit Glücksgefühlen aufgeladen geht es beflügelt weiter.

(8) Wasserkonzert im Seulingswald

Am Fuß des „Monte Kali" beginnt der Einstieg in den *Seulingswald*, wo sich ein Weg entlang des künstlichen Berges nach oben windet. Hier schlägt nun das Wetter um. Mein Vorteil ist, dass ich in einer Region bin, wo mir das Blätterdach des Mischwaldes Schutz vor dem einsetzenden Regen bietet und mir ermöglicht, meinen Poncho überzuziehen, bevor es wie aus Eimern zu schütten beginnt. Bald schon plätschert das Wasser aus allen Richtungen, von oben, von der Seite, von unten über die Wiese und durch die Hohlwege. Meine Wanderschuhe halten einiges an Nässe ab, doch vom Poncho läuft das Wasser an den Beinen herab, dass die Hosenbeine nass werden. Sie können gar nicht anders und kleben nun bei jedem Schritt an meinen Beinen. Ermutigt durch das Vorbild meiner Beinkleider saugen auch die Socken das herabrinnende Regenwasser auf und sorgen für ein dampfiges Fußklima. Irgendein Insekt hatte mich in den Wiesen vorhin knapp über dem Bündchen meiner Wandersocke gestochen. Es juckt etwas, doch die klatschnassen Hosenbeine wirken nun wie ein kühler, lindernder Umschlag. Ich befinde mich bald tief im Seulingswald, umgeben von einem klangreichen Wasser-Ensemble. Maddin, den ich aus meiner klammen Hosentasche heraus krame und spielerisch in den Händen drehe, kann es auch deutlich hören. Wir bekommen hier ein einzigartiges Konzert geboten. In unterschiedlichen Klängen fallen die Regentropfen hernieder und hinterlassen ihre Tonspur auf Gehölzen, Steinen und Blattwerk. Würde mich jemand mit dem nassen Poncho und dem kleinen Maddin in der Hand dort oben stehen sehen, der würde sich wundern, was ich da mache. Was wird man in einem Konzert wohl tun? Andächtig lauschen! Oben auf dem Berg steht das *Mahnmal Bodesruh*. Es ist ein 1963 zur Mahnung an die Deutsche Teilung errichteter Aussichtsturm. Früher war hier zu DDR-Zeiten die Zonengrenze. Mein Mittagsrast-Ziel ist nahe. Im Geiste male ich mir schon aus, wie ich mir im Jagdhaus eine überbackene Zwiebelsuppe bestelle. Genau so eine, wie ich sie hier 2017 serviert bekommen habe. Interessant finde ich, dass es damals hier auch geregnet hatte. Obwohl, „Regen" mir etwas untertrieben erscheint. Im Seulingswald gab es zu der Jahreszeit, als ich diesen Streckenabschnitt durchwanderte, ein wahres Blaskonzert mit Pauken und Trompeten. Die Fichten schwankten und knarrten. Das Sturmtief „Herwart" fegte durch das Land und ich befand mich mittendrin auf einer „Kinder-nicht-nachmachen-Halsbrecher-Wanderung". Das „Jagdhaus Bodesruh" bot mir damals Schutz und eine dampfend heiße Zwiebelsuppe, bis nach einer Stunde in der Gaststube der Sturm so weit nachließ, dass ich – getrocknet und gut genährt – weiterziehen konnte. Doch heute ist dieses Gebäude geschlossen. Also hole ich meine Sitzunterlage aus dem Rucksack und pflanze mich mit Maddin vor die Türschwelle des Gasthauses, auf der es trocken genug ist, mein Vesper-Paket auszupacken. Da mein Handy Empfang hat, rufe ich im „Hotel zum Löwen" in *Friedewald* an, wo ich bereits 2017 genächtigt hatte. Ich bekomme ein Zimmer zugesagt und freue mich sehr auf die Nacht im warmen Bett und heißes Wasser von oben, sprich, eine anständige Dusche.

(9) Der dicke Baum

Zunächst führt mich der Weg noch weiter durch den Wald, um bei einem alten Freud vorbeizukommen, den ich unbedingt auf meiner Reise besuchen möchte: Es ist ein etwa 500 hundert Jahre alter Baum, die „Hammundeseiche". Sie hält die Erinnerung an den ehemaligen Ort Hamndeych wach, der bereits im 13. Jh. untergegangen ist. Ich habe vor, dort mit Maddin den „Stein der Last" an einer Wurzel abzulegen. Kaum erreiche ich die ehrwürdige Eiche, durchbricht die Sonne die dichte Wolkendecke und schenkt dem Augenblick einen besonderen Zauber. Die Sonnenstrahlen spenden eine angenehme Wärme. Ich hole aus der einen Tasche den kleinen Maddin und aus der anderen Tasche den blaugrünen Stein hervor, klemme Maddin den für ihn riesigen Brocken in die Arme und lasse ihn den Stein für mich ablegen. Beinahe spüre ich, wie der Brocken schwer auf den Boden fällt. Weil es in der Perspektive tatsächlich so aussieht, als ob das Steinchen eine riesige Last ist, mache ich ein Foto von der Prozedur und fühle mich augenblicklich leicht und beschwingt. Mentaler Abfall, der sich anhäuft, trägt sich oft schwerer als ein Rucksack, randvoll mit Marschgepäck. Ihn ab und zu abzulegen ist immer ein Befreiungsschlag, der tatsächlich funktioniert. Es ist gut, dass ein solcher Ballast nicht umweltschädlich ist, obschon er für die Seele oftmals den Status von Sondermüll erfüllt. Während ich mich in Gedanken von diesem seelischen Sondermüll befreit habe, sehe ich an der Wurzel des steinalten Baumes nur noch einen weiteren kleinen blaugrünen Stein liegen. Die Sonne scheint jetzt warm durch die Baumkronen und der Boden beginnt an manchen Stellen zu dampfen. Maddin noch in der Hand haltend, schaue ich ihn an und erzähle ihm: „Hier gibt es noch eine Wüstung, da gehen wir jetzt hin!" Nur wenige Schritte entfernt befindet sich die „Wüstung Hammundeseiche". Man kann den Umriss der Grundmauern einer alten Kirche entdecken, der inzwischen für den geneigten Wanderer etwas aufgearbeitet und zu einem hübschen Rastplatz umgestaltet wurde. Auf einer Bank stelle ich Maddin ab und wir verweilen etwas in der Sonne. Schließlich falte ich den mittlerweile getrockneten Poncho wieder zusammen und verstaue ihn in meinem Rucksack. Falls der große Martin Luther 1521 hier entlang gekommen ist, so muss auch er allenfalls Steine im Moos und verfallene Gemäuer vorgefunden haben. Dieser Ort ist seit dem 13. Jahrhundert verlassen und das Leben der damaligen Bevölkerung hatte sich um die „Burg Friedewald" abgespielt. Auch meine Wanderstöcke stecke ich nun zusammen und klemme sie an den Rucksack, denn ab hier geht es den Berg nur noch entspannt hinunter. Der Weg zum Hotel wird im Ort *Friedewald* zunehmend belebter. Den Grund erfahre ich anhand zahlreicher Plakate: Am Sonntag findet im Innenhof der Wasserburg ein Gartenfest statt. Wenn hier nicht gefeiert wird, kann das in der Festung aus dem 12. Jahrhundert untergebrachte Heimatmuseum besichtigt werden. Nach einer kurzen ergebnislosen Diskussion mit Maddin, ob es sich hier nun um ein Museum mit gotischer Wasserburg oder eine Burg mit Museum handelt, setzten wir den Weg zur heutigen Unterkunft fort. Für Pilger sei erwähnt, dass hier gern ein Pilgerrabatt gewährt wird, sofern noch Kontingente frei sind. Diesen Preisnachlass bekomme ich auch heute wieder bewilligt.

(10) Ein Fußballdrama im Hotel

Im Badezimmer zeigt die Überprüfung der Socken, dass nur die Seiten und die Hacken innen etwas feucht geworden sind und das offenbar nur, weil die Socken über die Hosenbeine nass wurden und das Wasser aufgrund von Kapillarwirkung in die Schuhe hat dringen lassen. Ich bin begeistert über meine genialen Schuhe. Ohne Rucksack geht es sich viel leichter und nach einem Kaffee bin ich auch wieder munter genug, um noch ein Stückchen zu laufen, obschon mein Tacho inzwischen 30 km anzeigt. Ich steuere die Kirche an, die auf meinem Weg vier Jahre zuvor geschlossen hatte. Heute ist sie offen und bietet eine große Auswahl von Sprüchen und Zitaten an einer Wäscheleine vor dem Altar dar. Mich sprechen einige dieser weisen Worte sehr an. Eines davon ist ein irischer Segensspruch: *„Gott halte dich in seiner Hand, wenn dein Weg uneben wird."* Ich fotografiere den Spruch direkt an der Leine ab. So kann ich den Mini-Segen mitnehmen, ohne dass ich ihn einstecke. Gegenüber der Kirche befindet sich das Tor zum Wasserschloss, das ich 2017 bereits besucht habe. Heute jedoch habe ich noch etwas Anderes vor. Erst mal Abendessen im Gasthaus und dann das Fußball-EM Endspiel verfolgen: Italien gegen England. Da es inzwischen deutlich abgekühlt ist, bin ich froh, das Essen in einer warmen Gaststube genießen zu dürfen, bis es für den Fußballabend mit Maddin auf das Zimmer geht. Mit Erdnüssen, einem Bierchen aus der Mini-Bar und Maddin auf dem Nachtisch kann das Spiel beginnen. Schmunzelnd versuche ich mir vorzustellen, wie Dr. Martin Luther diesen Fußballabend erleben würde, wenn er sich in diese Zeit teleportieren würde. Möglicherweise würde er es verrückt finden, was Menschen sich für Beschäftigungen ausdenken. Vielleicht hätte es ihm aber auch gefallen, mit welchem Enthusiasmus Menschen sich für diesen Sport begeistern. Man weiß es nicht. Der Fußball-Abend wird lang, weil auch das Spiel in die Verlängerung geht. Zwischenzeitlich muss ich wohl eingedöst sein und werde wach als Maddin „Verlängerung!" ruft. „Hat er das wirklich eben gerufen?", frage ich mich und sitze mit einem Schlag hellwach im Bett. In der Verlängerung pennt Maddin jedoch ein und er kippt nach hinten weg. Ich wecke ihn wieder auf, als das Elfmeterschießen beginnt. Das Spiel endet mit einem 3:2-Sieg der Italiener. Ganz England beginnt zu weinen, was man bis nach *Friedewald* zu spüren bekommt: Draußen regnet es dicke britische Tropfen. Kurz nachdem ich den Fernseher aus mache, drifte ich in den Schlaf ab. Ich träume, dass ich mit Maddin in London in einem schönen Park bin, als tausende wild gewordener Fußballfans in den Park strömen. Viele kommen mit Getränke-Kästen und Fässern voll Bier. Anscheinend kommen sie, um das Trauma ihrer Niederlage wegzutrinken. Sie ignorieren Maddin und mich. Maddin ist in meinem Traum übrigens so groß wie ich, aber noch immer eine Playmobil-Figur. Im Hintergrund läutet die Glocke von „Big Ben" und ein blasser Typ steht im Talar auf einer großen Holzbühne und beginnt zu predigen. Er verkündet, dass nun das Ende nah sei und wir alle Sünder seien, denen das Feuer der Hölle einen heißen Empfang bescheren würde. Welch ein Stuss!

(11) das mystische Seeloch

Der Regen hat inzwischen aufgehört. Trotzdem packe ich den Poncho so in den Rucksack, dass ich ihn schnell herausholen kann. Man weiß nie! Als ich mit Maddin am Frühstückstisch sitze, erinnert er mich mit seinem gemütlichen Playmobil-Lächeln daran, dass ich auf Pilgerreise bin und nicht auf der Flucht. Da hat er recht. Eile ist nicht geboten und so nehme ich mir vor, die nächsten Etappen kürzer zu wählen. Ein hartgekochtes Ei wird mit einem Butterbrot und etwas Obst eingepackt und es geht im Frühtau hinaus in den Nebel. Die Welt ist wie verwandelt. Es riecht nach Sommerfrische, wie ich es als Kind auf dem Land gerne gerochen habe. Der Duft von Heu mischt sich mit der feuchten Morgenluft, als ich mich auf dem Höhenweg in Richtung *Seulingswald* bewege. Zwischenzeitlich mache ich ein paar Aufnahmen von der Morgensonne im Nebel und den Tautropfen in den Wiesen, bis sich der Nebel lichtet und ich den Wald erreiche. Hier sind Flora und Fauna ganz anders. Der Wald wirkt bunter durch die unterschiedlichen Baumarten und bietet an lichten Stellen Raum für Feuchtwiesen. Ob hier oben tatsächlich Feuchtwiesen sind oder ob das nur ein vorübergehender Effekt des Dauerregens der Tage zuvor ist, kann ich nicht unterscheiden. Tatsächlich entdecke ich Libellen und Kröten, sowie wahre Heerscharen hungriger Mücken. Gut, dass ich das Anti-Mücken-Zeugs ebenfalls ganz oben im Rucksack-Fach verstaut habe; so komme ich sofort dran und kann die Mücken auf Abstand halten.Maddin will aus der Tasche raus. Also suche ich einen Platz für die erste Pause. Hier kann ich telefonisch nun das Nachtlager für heute Abend in *Bad Hersfeld* klarmachen. Unweit unserer Rast befindet sich irgendwo zwischen den Feldern das *Kathuser Seeloch*. Das hatte ich auf meinem Weg im Oktober 2017 bereits einmal aufgesucht.

Zunächst führt der Weg aus dem Wald hinaus und über die Felder, wo ich die Abzweigung zum Seeloch finde. Da muss man sehr aufpassen, denn leicht ist man dran vorbeigelaufen. Das *Kathuser Seeloch* ist ein einzigartiges Naturdenkmal. Berechnungen von Geologen haben ergeben, dass dieses Naturphänomen – eigentlich fast ein kleiner See – schon lange existiert, etwa schon 120.000 Jahre. Entstanden ist es durch einen Erdfall, in dem sich im Laufe der Zeit Regenwasser angesammelt hat. Und weil sich unter dem Erdfall Salzgestein befindet, hat sich das Wasser durch Auflösen der oberen Salzschichten immer tiefer nach unten gegraben. Anscheinend ist dieser Prozess noch im Gang, denn ein Schützenhaus, das hier einst stand, verschwand im Jahre 1969 plötzlich in dem Wasserloch. Am dortigen Rastplatz ist eine Anzeigetafel angebracht, auf der zwei mystische Legenden erwähnt werden, die beschreiben, was sich in der Vergangenheit hier zugetragen haben könnte. Ich hole Maddin hervor für ein Foto. Mitten im Wasser schwimmt eine kleine Insel, komplett mit kleinen Bäumen und Gestrüpp darauf. Ich frage mich, ob die Wurzeln der Bäume wohl nach unten im Wasser hängen und so die Insel wie ein Schiffsruder stabil im Wasser halten. Nachdem ich mich satt gesehen habe, stecke ich Maddin wieder ein und marschiere runter nach *Kathus*.

(12) Über Wiesenwege nach Bad Hersfeld

In Kathus finde ich den Weg zu einer geöffneten modernen Kirche, die mir einen ausgesprochenen pilger-freundlichen Eindruck vermittelt. Draußen gibt es einen Rastplatz mit funktionierendem Wasserhahn. Hier kann man einen Stempel bekommen und die Toilette in der Kirche ist frei zugänglich (Heureka!) mit Waschbecken, Handtüchern und duftender Seife. Da lasse ich mir erfrischend kühles Wasser über das Gesicht laufen und fülle die Flaschen. Ich drücke mir vorm Verlassen der Kirche noch den Stempel ins Pilgerbüchlein und zünde eine Kerze an. Den Stempel finde ich sehr schön. Im Vordergrund findet sich das typische geschwungene „L" des Lutherweges und im Hintergrund der Umriss des Kirchturmes. Frisch gewässert trete ich den nächsten Teil der heutigen Etappe an. Noch führt der Weg durch die Natur und ich komme durch ein Wiesental über eine kleine Brücke, wo ein quirliger Bach darunter fließt. Da ist es schön genug, um noch einmal die Schuhe auszuziehen und eine

Barfuß-Pause einzulegen. Maddin kommt neugierig aus der Tasche hervor und wir essen das mitgebrachte Butterbrot, das Ei und die Blaubeeren. Um uns herum schwirren kleine blaue Libellen mit schwarzen Flügeln. Eine Weile schaue ich zweien bei ihrem Tanz in den Lüften träumend hinterher. Bevor ich beginne zu faul zu werden und drohe in dieser paradiesischen Idylle am plätschernden Bach einzuschlafen, ziehe ich Socken und Schuhe wieder an und versetze Maddin zurück in die Tasche. Nach kurzer Zeit erreiche ich den Rand der Gemarkung von *Bad Hersfeld.* Es gibt hier einen historischen Hohlweg, durch den anscheinend Martin Luther auf seiner Reise durchgekommen sein muss. Inzwischen ist dieser Hohlweg an einigen Stellen schon ziemlich zugewachsen, sodass er nicht mehr als solcher zu erkennen ist. Daneben führt nun ein Fußweg an Häusern und Gärten vorbei, den ich entlanglaufe. Dann ist es schlagartig aus mit Natur und Ruhe, als ich das Industriegebiet am Stadtrand von *Bad Hersfeld* erreiche. Die letzten Kilometer wirken auf meine Ohren sehr laut, weil der Weg an der Schnellstraße entlang führt. Nun kommen die Wasserflaschen öfter zum Einsatz. Trinken, Wasser ins Gesicht reiben, weiter gehen. Trinken, Wasser in den Nacken schütten, weiter gehen. Trinken, ein bisschen im Schatten verweilen, Tuch nass machen, an die Kappe zur Kühlung über den Nacken klemmen, weiter gehen. Kurz vor *Bad Hersfeld* sehe ich lauter „Smombies". Das sind Leute, die wie Zombies mit dem Smartphone vorm Gesicht oder am Ohr an mir vorbeilaufen und quasseln. Dann kommen mir auch noch zwei solcher „Smombie" Radfahrer entgegen, denen ich hastig ausweiche. Schnell wird mir klar, ich muss hier weg und marschiere im Stechschritt, bis ich endlich die Jugendherberge erreiche, die mein heutiges Endziel ist. Erst erfolgt das Einchecken, dann ist für mich Pilger-Waschtag. Die Sonne scheint prächtig in die Fenster. Meine Wäscheleine ist schnell aufgespannt und ich lasse die Wäsche unter den Fenstern trocknen, während ich Rucksack-befreit in Richtung Altstadt spaziere. So fühle ich mich federleicht. Und heute habe ich auch nur 21,5 km auf dem Tacho. Zunächst möchte ich die Kirche besuchen. Von meinem letzten Besuch habe ich in Erinnerung, dass ich den Stempel nicht in der *Stadtkirche* bekomme, sondern im gegenüberliegenden Gemeindebüro.

(13) Bad Hersfeld und die Fulda-Schleife

In der Bad Hersfelder Altstadt habe ich Lust auf einen Eiskaffee. Gesucht, gefunden: Ein vielversprechendes Lokal befindet sich direkt am Marktplatz, einem zentralen Ort, wo sich das Leben in der Altstadt abspielt. Da ich schon etwas später dran bin, ergattere ich in dem Eislokal sofort einen freien Platz an einem kleinen Tisch. Der Eiskaffee erweckt meine Lebensgeister. Ich hole Maddin raus und stelle ihn neben das kühlende Getränk. Weil der kleine Kerl lange genug zur *Stiftsruine* geschaut hat und der Eiskaffee schnell verinnerlicht ist, zieht es mich nun auch in diese Richtung. Für Festspieltage kommt es mir jedoch leer vor. Ein Plakat enthüllt des Rätsels Lösung: Heute ist Ruhetag. Der einzige Tag der Spielzeit, an dem nichts aufgeführt wird. Das verstehe ich als Wink des Schicksals. Ich soll den Abend also ganz ruhig ausklingen lassen. Auch gut. Vor mir entdecke ich am Wegesrand einen gelben Stein, den ich in meine Hosentasche stecke. Nach einem Abstecher zum ehemaligen *Abtschlösschen* steuere ich wieder die Jugendherberge an. Heute wird draußen im Garten für die Gäste gegrillt und da lasse ich es mir gerne schmecken. Mit einem Bierchen, Grill-Fleisch und frischen Salaten fühle ich mich sehr wohl. Nach dem Essen bleibe ich noch draußen in der Abendsonne sitzen und fülle einige Seiten meines Reisetagebuchs. Bei Einbruch der Dunkelheit gehe ich auf mein Zimmer und falle zufrieden ins Bett.

Das Frühstück in der Jugendherberge kann ich am nächsten Morgen in Ruhe genießen und mir meine Pausenmahlzeit für unterwegs bereiten. Da ich den Kurpark bereits auf dem Lutherweg im Oktober 2017 besichtigt hatte, wähle ich heute früh den kürzesten Weg hinter der Jugendherberge, links Richtung *Fulda-Schleife*. Doch einige Minuten später stehe ich vor einer Absperrung. Wäre ich durch den Kurpark gegangen, hätte ich dort einen Hinweis vom Lutherweg-Verein für eine Umleitung entdeckt, der von Wegpaten des Lutherweges im Rahmen von Umbaumaßnahmen angebracht wurde. Ein Wegabschnitt soll hier barrierefrei umgestaltet werden. Ich überlege, wie ich die Sperrung mit dem geringsten Aufwand umgehen könnte. Mein GPS zeigt eine Alternativroute an. Also marschiere ich zurück an die

Weggabelung bei den Kleingärten. Perfekt, hier finde ich den Anschluss, der mich wieder auf den Lutherweg bringt. Bald schon bin ich wieder auf dem Weg mit der bereits vertrauten „L-Markierung". Es beginnt ein malerischer Abschnitt an einer verlassenen Bahnstrecke entlang, parallel zur ruhig dahinfließenden *Fulda*. Zwei Schwäne setzen zur Landung im Wasser an und man hört, wie sie hineingleiten. Hinter einer alten Mühle mache ich eine erste Pause auf einer einladenden Bank. Gegenüber wächst Mädesüß und Blutweiderich auf den Wiesen. Die Sonne kommt noch nicht raus, weil der Hochnebel sie noch nicht freigeben mag. Das kommt mir gerade gelegen, denn hier gibt es auf langer Strecke keinen Schatten. Weiter geht es auf einem endlos lang erscheinenden Feldweg, bis ich an Elefantengras-Feldern entlang nach *Eichhof* abbiege. Im dortigen Schloss konnte ich 2017 das eigens eingerichtete Luther-Zimmer anschauen. Das wurde allerdings erst deutlich nach Luthers Zeit dort hergerichtet. Es dient mehr als Erinnerung, dass Martin Luther auf seiner Reise an diesem Hof vorbeigekommen war und der damalige Abt ihn dort wohlwollend empfangen hat.

(14) Ein Pilgerweg durch Au-enland

In der Umgebung des Eichhofs befinden sich einige Versuchsfelder für schnell wachsende Energiehölzer. Daher auch das Elefantengras, was auf dem portugiesischen Jakobsweg vielerorts wild entlang des *Rio Minho* wächst. Schon fühle ich mich wieder ein bisschen wie auf dem „Caminho Português". Mich zieht es weiter und ich durchlaufe bald schon *Asbach*, wo das Kirchlein einladend wirkt aber geschlossen hat. Den Weg nach *Niederjossa* finde ich zauberhaft. Ich entdecke am Wegesrand blaue Glockenblumen und leuchtend gelbe Blüten, die sich vor den nun aufziehenden Gewitterwolken besonders reizvoll abzeichnen. Auch geht es wieder durch ein Stück Wald, wo ich für Maddin einen Pilgerstock in seiner Größe herumliegen sehe. Es ist mehr ein winziges Zweiglein, doch macht es sich gut auf dem Foto, weil es wie ein echter Wanderstecken in seiner kleinen Hand wirkt. Wenn er schon mit auf Pilgerreise geht, dann auch mit angemessenem Pilgerstab. In *Niederaula* ist die Kirche geöffnet und es gibt obendrein noch einen schönen Stempel. Mit jedem neuen Stempel in meinem Pilgerausweis freue ich mich über deren Vielfalt. Dieser trägt neben dem Motiv der Kirche auch das Symbol der Luther-Rose. Ich schaue mich um. Im Altarraum sind die Holzvertäfelungen in einem hellen Pastellgrün gehalten, was der Kirche einen Eindruck von Frische verleiht. Weil ich hier mit Maddin allein bin, hole ich meine kleine irische Flöte aus dem Rucksack und spiele ein bisschen darauf. Kirchen geben dem Flötenklang einen angenehmen Hall – auch hier ist die Akustik einfach klangschön. Nach einer kurzen inneren Einkehr habe ich genug Energie getankt, um mich wieder auf dem Weg zu machen. Zunächst geht es durch den Ort in Richtung *Niederjossa* wo der Weg an einem Rad- und Fußweg entlang der Auen führt. Vor mir flattert auf einmal etwas Rotes an meinem Gesichtsfeld vorbei. Im Bruchteil einer Sekunde frage ich mich, ob sich mein Rucksack in seine Einzelbestandteile auflöst. Dann aber erkenne ich, es ist ein Falter, knallrot! Das erscheint mir unglaublich, denn so einen Schmetterling habe ich in meinen Leben noch nie gesehen. Behutsam folge ich ihm, um ihn nicht zu erschrecken. Ich muss ihn unbedingt fotografieren. Es dauert ein bisschen, bis er sich auf einem Grashalm niederlässt. Jetzt darf ich nur keinen Schatten bilden. Langsam senke ich mich mit dem Rucksack noch auf dem Rücken ab und bewege mich wie in Zeitlupe. Noch bleibt der Falter sitzen. So hocke ich bald vornübergebeugt im Gras und suche mit der Handy-Kamera das kleine Tier. Als ich es auf dem Bildschirm sehe, zoome ich ran und drücke ein paar Mal auf den Auslöser. Geschafft! Das Naturwunder ist erfolgreich fotografisch festgehalten! Der Rucksack rutscht zur Seite, ich verliere das Gleichgewicht und kann mich gerade so abfangen, als der Falter die Flucht ergreift. Mühsam richte ich mich wieder auf und habe gerade das Handy weggesteckt, als zwei Radfahrer an mir vorbeikommen. Die Räder der beiden sind schwer bepackt wie zwei Esel. Anscheinend sind die Beiden mit Zelten unterwegs. Nachdem ich mir den Staub von der Hose geklopft habe, muss ich gleich aufs Tempo drücken; erste dicke Regentropfen kündigen einen heftigen Regenguss an.

(15) Die Schleusen öffnen sich

Kaum erreiche ich eine Autobahnbrücke, die über die *Fulda* führt, öffnen sich die Himmelspforten und ein wahrer Wolkenbruch bricht los! Es hört sich an, als ob Petrus im Himmel einen riesigen Wasserhahn bis zum Anschlag aufgedreht hätte. Kübel-weise prasselt es auf die Erde nieder. In wenigen Sekunden ist alles nass. Mit Ausnahme der Stelle, wo Maddin und ich uns gerade befinden. Ich frage mich, wie viel Glück man haben kann, ausgerechnet in diesem Moment einen trockenen Unterstand zu haben. Dabei muss ich an die zwei Radfahrer mit dem vielen Gepäck denken, die jetzt bestimmt klitschnass werden. Lange dauert der Wolkenguss nicht, das Gewitter hat sich schnell entladen und ich kann fröhlich meinen Weg fortsetzen. Die Sonne kommt heraus, als die abziehenden Wolken blauen Sommerhimmel freigeben. An der nächsten Bank setze ich mich auf die Lehne, weil die Sitzfläche noch pitschnass ist und rufe in den nächsten Unterkünften an, die als Übernachtungs-Gelegenheiten infrage kommen. Beim Hotel „Jossatal" lande ich einen

Treffer: Dort kann ich nach einer 27 km-Tagesetappe heute einkehren. Im Hotel angekommen, freue ich mich, dass ich rechtzeitig im Zimmer bin, als der nächste Regenguss herniederprasselt. Ich bin dankbar, es gemütlich und warm zu haben. Hier kann bis zum Abendessen ausruhen. Während ich dem Regen zuhöre, wundere ich mich, dass so manches Pflänzchen solche Wolkenbrüche schadlos überstehen kann. Wenn ich mir vorstelle, wie die kleinen Glockenblumen, die ich vorhin am Wegesrand gesehen habe von diesen schweren Regentropfen bombardiert werden und das aushalten, staune ich immer wieder über die Kraft der Natur. Ganz zu schweigen von dem winzigen Rüsselkäfer an der Königskerze oder jenem roten Falter vorhin. Auch frage ich mich, was wir Menschen für merkwürdige Geschöpfe sind, die so wenig von der Natur verstehen, weil wir uns längst schon von ihr abgetrennt haben. Alleine in der Natur ausgesetzt, wären wir verloren, obschon wir doch selbst ein Teil von ihr sind. Mir fällt die in der Bibel dargestellte Vertreibung des Menschen aus dem Paradies ein. Ich finde, es passt dazu, wie sich der Mensch bis zur heutigen Zeit entwickelt hat. Lange hat er auf Kosten der Natur gelebt, sie ausgenutzt und nicht weiter darüber nachgedacht, dass er dadurch nach und nach in den Kreislauf der Natur zu viel Unruhe hinein bringen könnte. Kostet der Mensch einmal die Frucht der Erkenntnis, gibt es kein Zurück mehr. Sobald er weiß, was er für einen Raubbau an dem Planeten Erde getrieben hat, muss er sich der Wahrheit stellen. Er muss Verantwortung übernehmen für das, was er angerichtet hat. Die Vertreibung aus dem Paradies muss diese Tage von keinen Cherubim mit einem flammenden Schwert initiiert werden. Der Mensch bewerkstelligt es so, sich mit dem Laubbläser aus dem Paradies zu pusten. Bei der Vorstellung muss ich lachen. Ich gehe unter die Dusche, um mich frisch zu machen. Heute mache ich keine große Wäsche, sondern wasche nur mein Shirt mit Seife aus. Stark habe ich heute nicht geschwitzt, sodass die schnelle Pilger-Mini-Wäsche ausreicht. Ich schicke die Bilder vom roten Falter an meine Töchter weiter und ruhe noch etwas aus. Maddin steht auf dem Nachttisch neben der Lampe Wache, weil er aufpassen muss, dass ich jetzt nicht zu tief einschlafe und wir womöglich noch das Abendessen verpassen.

(16) Regen im Jossatal

Zu meinem Hotel gehört eine Gaststube und ich darf mich auf ein warmes Abendessen freuen. Offenbar habe ich mit dem Abdrehen der Dusche das Wasser von oben gleich mit abgestellt. Zumindest macht auch der Regen Pause. Als die Zeit zum Abendessen gekommen ist, gehe ich zum Vorgarten, wo bereits die Tische fertig hergerichtet sind. Ich bekomme mit einem Teelicht auf meinem Tisch zu meinem Essen ein isotonisches Kaltgetränk auf Hopfenbasis serviert. Bald darauf bin ich gesättigt und freue mich, dass der Weg zu meinem Zimmer nicht weit ist. Nun kann ich die etwas angeschwollenen Füße endlich hochlegen. Ansonsten sind meine Treter völlig unbeschadet. Bisher habe ich mir Dank der doppelten Wandersocken keinerlei Druckstellen oder Blasen eingefangen. Kaum bin ich im Zimmer, als es wieder beginnt zu regnen. Im Zimmer gibt es eine Heizung und einen Fernseher und so kann ich in den Nachrichten die Wetteraussichten für ganz Deutschland bei heimeliger Wärme verfolgen. Anscheinend hat Petrus vor, eine neue

Sintflut anzuzetteln und zu diesem Zweck das „Tief Bernd" nach Europa entsendet. Dieses Tief scheint auch über Deutschland seine Arbeit gründlich zu verrichten, die Bilder auf den Wetterkarten zeigen „Wasser marsch!" an. Ich weiß noch nicht, was ich davon halten soll. Nach einer Weile lösche ich das Licht und öffne das Fenster. Zum Einschlafen lausche ich den Stimmen des Regens, der bis zum Morgen andauern wird. Was ich noch nicht weiß, eine Sintflut bahnt sich mancherorts tatsächlich an, die in den nächsten Stunden in einigen Gemeinden zu einer verheerenden Katastrophe anwachsen wird. Ich träume vom Wandern auf einem Höhenweg in den Alpen, als es dort auch beginnt zu regnen. Auf einem losen Stein verliere ich den Halt und rutsche auf dem nassen Felsen ab. Mit dem Gefühl des Fallens schrecke ich auf. Ich habe gerade mal fünf Minuten geschlafen. Doch der nächste Anlauf funktioniert besser. Es kommen keine weiteren Träume, an die ich mich erinnere. Ein erholsamer Schlaf, der bis zum frühen Morgengrauen andauert, rüstet mich für den nächsten Wandertag. Der Morgen beginnt frisch, weil es tatsächlich die ganze Nacht geschüttet hat. Noch auf dem Weg vom Gästehaus ins Haupthaus zum Frühstücks-Termin nieselt es. Es fühlt sich an, als ob jemand Unsichtbares mir mit einem Wasser-Sprüher das Gesicht befeuchtet. Ich denke, dass ich für meinen Regenponcho gleich eine sinnvolle Verwendung haben werde. Doch einmal mehr ist das Glück mir hold: Der Regen legt zuvorkommend eine Pause ein, als ich das Frühstück beende, damit ich im Trockenen aufbrechen kann. Als ich auf dem Zubringer nach links den Hügel hinab in *Oberjossa* wieder auf den Lutherweg stoße, entdecke ich schon von weitem auf der linken Straßenseite gegenüber die „Pilgersruh". Es handelt sich hierbei um eine Sitzgruppe mit einer Inschrift. Ich erinnere mich, dass sich gegenüber eine Einfahrt und darin ein verglastes Scheunentor an einem alten Fachwerkhaus befindet, welches zu einem Werkzeugmuseum gehört. Und siehe da, ich komme just daran vorbei. Hier befindet sich das kleine Museum. Am Tor ist ein Stempelkasten angebracht, an dem ich mich fröhlich bediene. Vorsichtig drücke ich mir den Stempel in den Pilgerausweis, der passenderweise die Inschrift „Museum am Lutherweg" trägt.

(17) Ein Pilgerkreuz auf dem Herzberg

Es geht bergan, als ich an einer Holzwerkstatt vorbeikomme. Ein Pilger-Rastplatz mit einer schönen überdachten Sitzgruppe, wie es der Handwerkskunst einer Schreinerei entspricht, befindet sich gegenüber. Sie ist aus frischem Holz gezimmert, nebst einem Kasten, der einen Stempel der Gemeinde *Breitenbach am Herzberg* mit Gemeindewappen enthält. Natürlich habe ich auch für diesen Stempel Platz in meinem Pilgerpass. Schnell verstaue ich das Dokument wieder im Rucksack, als es erneut zu regnen anfängt. An diesem Rastplatz kann ich bequem den Regenponcho überstülpen. Allem Anschein nach wird der Regen mich eine Weile begleiten. Der asphaltierte Weg führt mich in den Wald, wo er allmählich in einen Schotterweg übergeht. Im Wald zu laufen, hat den Vorteil, dass der Regen nicht so dicht herabfällt. Zwischenzeitlich gehe ich auf Pfaden, die mit hohen Gräsern bewachsen sind. Dort glitzern die Tröpfchen an den langen Halmen, als ob überall kleine Glasperlen aufgehängt wurden.

Leider werden in dieser Umgebung auch meine Hosenbeine wieder nass. Neben mir sprudeln lustig spontane Bächlein. Maddin könnte in einem großen eingerollten Esskastanien-Blatt auf diesen Regenbächen Kajak fahren. Ich stelle mir vor, in Miniatur-Wichtelmännchen-Größe so eine Wildwasser-Erlebnisfahrt zu erleben und bin froh in meiner aktuellen Größe die Wanderstöcke bereitzuhaben. Die benötige ich, um nicht im Morast stecken zu bleiben. Ich nutze sie auch gelegentlich als Sprunghilfe über größere Pfützen, um mich elegant herüber zu schwingen. Burg *Herzberg* ist das nächste Ziel. Da oben gibt es eine Art „Cruz de Ferro" des Lutherweges. Viele Jakobsweg-Pilger sind bereits am Original in Spanien vorbeigekommen. Das „Cruz de Ferro" ist ein Eisenkreuz, das den Pilgern am *Monte Irago* den höchsten Punkt des „Camino Frances" anzeigt. Es befindet sich in 1531 m Höhe vor *Ponferrada*. Dort legen viele Pilger Steine ab oder bringen kleine Amulette am Holzpfahl an. Und hier am *Herzberg*, der den höchsten Punkt des Lutherweges 1521 bildet, steht jetzt auch so ein Kreuz; sogar mit einem Steinhaufen, der aktuell noch winzig ist. Er kann mit der Zeit in Ruhe wachsen und gedeihen. Da will ich meinen zweiten Stein ablegen, den Gelben, den ich in *Bad Hersfeld* aufgelesen habe. Noch eine Drehung nach rechts und schon entdecke ich den Hinweis zur Burg. Ich bin mir sicher, die Burgschänke wird noch geschlossen sein, denn ich bin zu früh für den Gastronomiebetrieb hier. Daher steuere ich als Rastplatz das nagelneue Pilgerkreuz an, um welches ein Kreis von Sitzbänken aufgereiht ist. Es wirkt dadurch wie eine christliche Andachtsstätte. Hier also steht es und ähnelt in der Tat dem spanischen Vorbild. Eine Infotafel erzählt, was es mit diesem Kreuz auf sich hat. Der Steinhaufen besteht aktuell aus einer Handvoll bemalter Steine. Weil ich nicht so recht weiß, wo ich meinen, kleinen gelben Stein platzieren möchte, lasse ich es wieder Maddin tun. Er schaut mich fröhlich an und möchte wissen, welches Symbol er vertreten soll. Nachdem ich meine Altlasten bereits erfolgreich abgelegt hatte, ist nun Raum für eine Veränderung frei geworden. Also nenne ich ihn „Stein der Transformation" und übergebe ihn Maddin zum Ablegen. Bei der Burg schaue ich zurück und ich frage mich, ob dieser Ort irgendwann auch einmal eine große Bedeutung für Pilger haben wird. Wer weiß?

FRIEDEBORG SEITZ

Friedeborg Seitz ist 1964 geboren, gerne draußen
unterwegs und liebt es, nur mit dem Rucksack auf dem
Rücken los zu marschieren. Zum Pilgern ist sie zum
ersten Mal 2015 gekommen und hat es als Ausgleich für
ihren Berufsalltag entdeckt. Die Autorin ist Ärztin, voll
Berufstätig, verheiratet, hat zwei erwachsene Töchter und
einen Ehepartner, der sie fröhlich auf Wanderschaft
gehen lässt, weil er weiß, nach einer Pilgerreise hat sie
wieder genug Energie getankt und die nötige Ruhe um
den manchmal stressvollen Arbeitsalltag zu bewältigen.

Loved this book?
Why not write your own at story.one?

Let's go!

Zeitfracht Medien GmbH
Ferdinand-Jühlke-Straße 7
99095 Erfurt, Deutschland
produktsicherheit@kolibri360.de